001

002

003

004

005

006

007

008

009

010

011

PLATE 1

012

013

014

015

016

017

018

019

020

021

022

023

024

025

026

Plate 2

027

028

029

030

031

032

033

034

035

036

037

PLATE 3

038

039

040

041

042

046

043

047

044

045

048

049

050

051

PLATE 4

052

053

054

055

056

057

058

059

060

061

062

PLATE 5

063

066

064

065

067

068

069

070

071

072

073

074

075

076

PLATE 6

077

078

079

080

081

082

083

084

085

086

087

PLATE 7

088

089

090

091

092

093

094

095

096

097

098

099

100

101

PLATE 8

102

103

104

105

106

107

108

109

110

111

112

113

PLATE 9

114

115

116

117

118

119

120

121

122

123

124

125

PLATE 10

126

127

128

129

130

131

132

133

134

135

136

137

138

139

140

PLATE 11

141

142

143

144

145

146

147

148

149

150

151

152

153

154

PLATE 12

155

156

157

158

159

160

161

162

163

164

PLATE 13

165

166

167

168

169

170

171

172

173

174

175

176

PLATE 14

177

178

179

180

181

182

183

184

185

186

187

188

189

PLATE 15

190

191

192

193

194

195

196

With fond love to thee.

197

198

199

200

201

PLATE 16

202

203

204

205

206

207

208

209

210

211

212

213

214

215

PLATE 17

216

217

218

219

220

221

222

223

224

225

226

227

228

229

PLATE 18

230

231

232

233

234

235

236

237

238

239

240

241

242

243

244

245

PLATE 19

247

246

248

249

250

251

252

253

254

255

256

257

PLATE 20

258

259

260

261

262

263

264

265

266

267

268

269

270

PLATE 21

271

274

272

273

275

276

277

279

278

281

280

PLATE 22

282

283

284

285

286

287

288

289

290

My Birthday Wish.

291

292

293

PLATE 23

294

295

296

298

297

299

300

301

302

303

304

305

PLATE 24